UNE SEULE RÈGLE

POUR

LES PARTICIPES.

UNE SEULE RÈGLE

POUR

LES PARTICIPES;

Ouvrage où l'on examine le Traité des Participes par M. Lequien, en établissant un principe simple et clair, au moyen duquel on fait disparaître les difficultés que présente cette question grammaticale expliquée par les Règles ordinaires.

PAR LATOUR, INSTITUTEUR A MAESTRICHT.

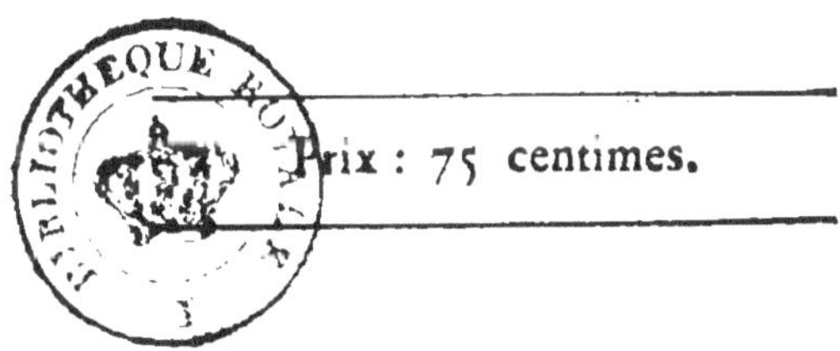

Prix : 75 centimes.

MAESTRICHT,

Chez TH. NYPELS, Imprimeur-Libraire, rue Grand-Staat, N.º 699.

1810.

[illegible]

AVIS IMPORTANT.

Nous allions livrer ce petit ouvrage à l'impression, lorsque les journaux de Paris nous annoncèrent la *Théorie nouvelle des Participes français*, par M. Bescher. Le principe unique indiqué au titre nous a fait penser que peut-être nous nous étions rencontré avec l'auteur; mais, après avoir lu son ouvrage, nous nous sommes convaincu que le principe reconnu par M. Bescher pouvait bien prouver en faveur de notre règle unique, mais que l'auteur ne l'avait pas autant simplifié que nous, et que, comme il l'avoue lui-même, son ouvrage ne peut être entendu que par des jeunes gens déjà avancés.

Nous, au contraire, ayant travaillé pour la multitude des commençans; étant persuadé que les élèves doivent comprendre et appliquer notre règle,

du moment qu'ils sauront bien diffé-
rencier un adjectif d'un verbe, nous
n'avons pas même besoin de leur faire
connaître les différentes espèces de verbes, pour leur faire distinguer les participes déclinables de ceux qui ne le sont
pas. Rassuré par tous ces avantages,
nous n'avons plus hésité à livrer notre
travail au jugement du Public et des
Hommes de lettres.

DISCOURS PRÉLIMINAIRE,

Aux Gens de Lettres.

METTRE un paradoxe en titre d'un ouvrage didactique paraîtra quelque chose de singulier : mais si nous réussissons ici à convaincre le lecteur que ce paradoxe doit être converti en axiome ; si nous parvenons à prouver qu'avec une seule règle on peut bien orthographier tous les Participes ; plus notre maxime aura étonné d'abord, plus la vérité qui en sortira s'imprimera fortement dans l'imagination, et plus nous aurons approché de notre but, qui est de faciliter aux jeunes gens l'étude de leur langue maternelle.

Si Messieurs de Port-Royal ont eu raison de dire que, « la connaissance de ce qui se « passe dans notre esprit, est nécessaire pour « comprendre les fondemens de la grammaire, « et que c'est de là que dépend la diversité « des mots qui composent le discours ; » s'il a été prouvé, dans toutes les langues mortes et vivantes, qu'un homme n'est grammairien, qu'autant qu'il connaît bien cette diversité, et qu'il sait reconnaître les différentes espèces de mots ; si enfin la logique doit être la base de la grammaire, il est constant qu'il faut savoir juste ce que signifie un mot, avant de l'employer, et il est bien surprenant que la difficulté d'orthographier les participes ne fasse qu'augmenter tous les jours.

Pourquoi ces mots sont-ils ainsi nommés? « Parce qu'ils participent en effet de la nature « du verbe et de celle de l'adjectif », nous disent toutes les grammaires. Quoique cette solution ne soit pas sans réplique, elle est bonne au moins par sa simplicité, et elle seule, jusqu'à présent, a été le fil d'Ariane pour la jeunesse perdue dans le labyrinthe des participes. Pourquoi, au lieu de multiplier les règles, les exceptions et les exceptions des exceptions; pourquoi, au lieu de multiplier les espèces de mots, les leçons, les chapitres, et même les volumes, n'a-t-on pas cherché à remonter à la source, au principe qui semble indiqué dans la dénomination même du participe ? Puisqu'il est une espèce d'hermaphrodite grammatical, pourquoi n'a-t-on pas tâché de le rapprocher des deux espèces qui lui ont donné naissance, et dont il a tour-à-tour les divers caractères ?

La raison de ce long retard dans les progrès d'une partie essentielle de la langue, pourrait peut-être se trouver dans ce que Condillac appelle si sagement des *disputes de mots* : et en effet, il semble que c'est pour avoir désigné les participes par un nom qui ne détermine

... leur origine qui se trouve
... le verbe, que les grammai-
... jusqu'à présent, tant de peine
... connaître aux jeunes gens la nature de
...

La cause de cette difficulté pourrait peut-
être se trouver encore dans l'insouciance d'un
grand nombre de savans qui, une fois instruits,
... peu inquiétés de frayer une route facile
à la génération future ; et encore dans l'orgueil et l'égoïsme dissimulés de quelques
autres qui, souvent mal enseignés, ont appris
péniblement, veulent que leurs successeurs
aient les mêmes difficultés à surmonter, ne
s'imaginent pas que la multitude ait besoin
de connaître la langue, et qui, semblables
aux prêtres d'Isis, ne veulent admettre aux
mystères sacrés les jeunes aspirans, qu'après
des épreuves faites pour lasser la patience et
le courage les plus imperturbables.

Mais si en effet les gens éclairés doivent
désirer de nombreux successeurs, si la première route à suivre pour en obtenir est de
faciliter la première étude, celle de la langue
naturelle, nous croyons bien faire que de leur
en offrir un moyen, qui nous semble indiqué
par la nature de toutes les langues, et surtout
de la langue française, et qui nous paraît une
conséquence toute simple de la division des
mots, première base de toute grammaire.

On est tombé d'accord sur la nature ou plutôt la fonction des adjectifs ; ils signifient la qualité, ou si l'on veut, la forme, la manière d'être des personnes et des choses. Quant aux verbes, tel dit qu'ils signifient l'affirmation, et tel autre qu'ils signifient l'action, ou si l'on veut, le mouvement, le changement d'état des personnes ou des choses: et comme cette dernière définition est la seule que, pendant plusieurs années d'enseignement, nous ayons pu faire entendre aux enfans. quelque soit leur intelligence, c'est celle où nous nous sommes arrêté, et nous devons d'autant plus y tenir, qu'elle nous servira de point d'appui pour asseoir notre règle générale.

Les participes sont bien reconnus par tous les Grammairiens pour une espèce mitoyenne entre ces deux espèces de mots, et ils ne sont difficiles à orthographier, que parce que, chez eux, un même mot peut signifier tantôt la qualité, qui se rend d'ordinaire par un mot déclinable, l'adjectif; tantôt l'action, qui se rend par un mot indéclinable, l'infinitif du verbe. Il nous semble donc que, pour lever toute difficulté, il ne faut qu'examiner avec soin si la règle de *déclinabilité* propre à l'adjectif, et celle d'*indéclinabilité* (*) propre à l'infinitif (ou la racine) du verbe, ne pour-

____

(*) Qu'on nous permette d'employer ces mots.

raient pas nous donner la règle de déclinabilité
ou d'indéclinabilité propre aux participes.

Il se présente naturellement ici trois questions, 1.º pourquoi les participes offrent-ils
plus de difficulté en français que dans les
autres langues ? 2.º pourquoi sont-ils tous
déclinables en latin ? 3.º pourquoi, s'ils doivent avoir des règles particulières, ne peu-
vent-ils pas former une espèce à part ?

1.º Nous croyons que s'ils présentent plus
de difficulté en français, c'est qu'au lieu
d'analyser avec sagesse, on a alambiqué avec
subtilité, et qu'à force de faire des divisions,
on a fini par se perdre dans les questions
accessoires qui ont fait oublier la question
de principe ; qu'on s'est occupé de mots et
de définitions grammaticales, au lieu d'examiner quand le participe se rapporte à un
substantif ; qu'enfin, on a été trop loin, et
qu'on a manqué le but pour l'avoir passé :
chose en quoi les Grammairiens des autres
langues ont été plus prudens que nous, et
ont sauvé un grand embarras à la jeunesse
de leurs nations.

2.º Nous croyons aussi que si tous les participes sont déclinables en latin, c'est qu'ils
y font nécessairement la fonction d'adjectif,
puisque MM. de Port Royal dirent positive-
ment, en parlant des langues latine et française, « les participes sont de vrais noms

adjectifs. » En conséquence, la langue latine même nous autorise, je dirais presque nous invite à ne pas les considérer comme une espèce de mots à part.

3.° La dernière question que nous avons présentée est celle de savoir pourquoi on ne forme pas une espèce à part avec les participes, si réellement ils doivent avoir des règles qui leur soient propres et particulières. On a déjà fait cette tentative ; elle n'a pas pu réussir, et elle ne réussira jamais, parce que pour former une espèce, dans quelque classification que ce soit, il faut que les individus ayent une ressemblance entre eux, et avec d'autres une différence qui permette d'établir une ligne de démarcation, et qu'il a été impossible de le faire, par la seule raison que les participes français sont ou verbes ou adjectifs, et rentrent par là, tantôt dans l'une, tantôt dans l'autre de ces deux espèces de mots. Si quelqu'un s'obstine, soit à les séparer des espèces reconnues, soit à les orthographier avec des procédés particuliers, ce qui revient au même, nous demanderons quelle sera la signification du participe, quand on ne lui accordera ni celle de la qualité, ni celle de l'action, et la réponse sera un peu embarrassante. Nous demanderons si cette signification est double ou simple ; si on nous dit qu'elle est simple, nous demanderons alors pourquoi on admet

des participes déclinables et des participes
indéclinables. Si, au contraire, on nous dit
que leur signification est double, comme leur
usage le prouve, nous dirons, ou qu'il
faut qu'on admette deux espèces de mots de
plus en français, ce qui serait inutile et
dangereux, ou qu'on laisse rentrer les participes dans les deux espèces qui ont été leur
source, ce qui est bien plus simple; et du
moment qu'on sera forcé de reconnaître ces
mots tantôt comme adjectifs, tantôt comme
verbes, nous serons suffisamment autorisé à
dire qu'il faut les orthographier par les mêmes
procédés, les mêmes règles que l'adjectif et
l'infinitif.

Mais pourquoi tant de discussions? ne sait-
on pas que les mots d'une période forment
ensemble une chaîne de modifications? que
l'adjectif modifie le substantif; que l'adverbe
modifie le verbe et l'adjectif, qui est donc
tour-à-tour modifiant et modifié; que les
régimes simples et composés sont aussi des
modifications plus ou moins développées?
Eh bien! puisque le participe ne peut être
employé qu'après les verbes *avoir* ou *être*
exprimés, ou au moins sous-entendus, consi-
dérons-le donc comme une modification de
l'auxiliaire, qui exprime la qualité quand
il modifie *être*, et l'action quand il modifie
avoir, et nous arriverons, avec cette idée

déjà simple, à une règle générale encore plus simple.

Ici nous entendons déjà une foule de personnes se récrier : « comment avec une seule règle, orthographierez-vous tous les participes, qui ont été l'écueil des meilleurs Grammairiens ? voilà donc plusieurs siècles qu'on déraisonne sur ce point? vous vous prétendez donc plus savant que tant de gens de lettres? etc. » Nous répondrons à la première question dans la deuxième partie de cet écrit, par notre règle appliquée aux exemples des meilleurs auteurs français : quand à la seconde, nous dirons que, sans avoir déraisonné, les Grammairiens ont suivi des règles établies, qu'il fallait examiner et refaire; mais que les sciences se perfectionnent tous les jours dans notre siècle ; qu'un des plus grands moyens qu'on ait employés pour leur perfection a été de les simplifier, et qu'il ne nous est pas plus défendu qu'aux autres de chercher à contribuer pour une petite part à la simplification désirée de la Grammaire française. Sur la dernière de ces questions, nous ferons observer que de nos jours encore, quand des savans philosophes ont voulu établir le calcul décimal, tout à la fois simple, clair et étendu, les mathématiciens les plus routiniers se sont récriminés contre cette innovation, qui réduisait presque à zéro l'attirail de leurs règles amphibologiques; et que cependant, le calcul décimal, formé au milieu des orages d'une révolution effrayante, en a vu périr tous les résultats éphémères, et lui seul a surnagé. Il est vrai que nous attaquons aussi d'anciennes règles; mais si elles sont difficiles et insuffisantes, et qu'il s'en présente une simple et générale, nous laisserons crier les routiniers, et nous attendrons avec respect le jugement des hommes éclairés.

Nous prévoyons bien que quelques Grammairiens vont crier à l'erreur, et qu'il eût été aussi facile de prouver aux Grecs et aux Romains qu'il n'existe qu'un Dieu, qu'à ces Messieurs qu'il n'existe qu'une règle des participes : mais puisque les grandes vérités se prouvent toujours avec le temps et l'empire de la raison, pourquoi désespérerions-nous de prouver une vérité si simple ? nous aurions tort, car elle ne cesse d'être reconnue que parce qu'elle est déguisée, étouffée sous les longs replis d'un manteau scholastique.

Ne chargeons pas les pages de nos écrits et la tête de nos élèves, de règles difficiles, et de termes barbares, dont nous sommes trop souvent contraints de nous servir. On conviendra que nos mots techniques sont fort durs à l'oreille; que les Professeurs peuvent difficilement les faire entendre à la jeunesse, et qu'eux-mêmes en oublieraient bien vite la

majeure partie, s'ils n'étaient, par état, obligés
de les employer souvent. N'étalons donc le
luxe de paroles que quand il est le seul moyen
de nous faire entendre.

Qu'on nous pardonne ici l'allégorie, mais
nous espérons que le Traité des participes par
M. Lequien deviendra pour nous un arsenal
où nous trouverons toutes les armes nécessaires
pour briser la vieille idole des participes.

Toutes les difficultés de ces mots étant
rassemblées, discutées et étendues dans l'ouvrage de M. Lequien ; son travail étant le
plus complet et le plus considérable sur cette
matière ; les exemples de sa seconde partie
étant choisis parmi nos meilleurs auteurs,
nous n'irons point chercher ailleurs de questions à débattre ; mais nous avertissons les
personnes qui ne lisent les discussions litté-
raires, que pour y trouver des sarcasmes, que,
tout en attaquant le mode d'enseignement des
participes pratiqué jusqu'à présent par la
majeure partie des Grammairiens, et par cet
estimable auteur, nous ne nous en prenons
pas en particulier à M. Lequien, mais aux
préjugés établis, que d'après son plan trop
resserré, il était obligé de respecter : nous
devons dire même que nous sommes presque
toujours d'accord avec lui sur l'orthographe
de ces mots ; qu'enfin, nous n'avons eu d'autre
but que d'ouvrir à la jeunesse une route moins

raboteuse, et débarrassée des épines grammaticales.

Nous devons donc d'abord rendre hommage
aux talens de ce Grammairien recommandable;
mais nous devons ensuite examiner s'il ne
pouvait pas, à moins de frais, amener la
jeunesse au but désiré, l'orthographe des
participes; si l'on ne peut pas réduire à une
seule règle, générale et simple, toutes les
règles qu'il nous donne à ce sujet, et si, au
lieu de juger de la déclinabilité du participe
par son régime direct ou indirect, par la
place du sujet soit avant soit après, par les
infinitifs qui peuvent le précéder ou le suivre,
par l'espèce du verbe, etc.; si, disons-
nous, il n'est pas plus simple, et par conséquent plus sûr, d'en juger par la fonction
de ce mot, c'est-à-dire, en examinant s'il
est employé comme adjectif ou comme verbe.
Il est vrai qu'avec cette marche, il nous sera
impossible de développer autant d'érudition
que notre auteur; mais quand il s'agit d'instruire la jeunesse légère, l'écrivain simple et
clair est souvent plus écouté, mieux senti,
que l'auteur savant; car celui-ci approfondit
et développe quelquefois la question, au point
qu'on ne peut le suivre qu'avec une attention
plus grande qu'on ne doit l'espérer de la
jeunesse, et que ce n'est qu'avec une intelligence mûrie par de bonnes études, qu'on

peut le bien comprendre, et tirer une conclusion générale de tout ce qu'il a dit.

Pour arriver à ce but d'une conclusion,
qui doit être celui de tout écrit, ce petit
ouvrage sera divisé en deux parties. Dans la
première, qui est adressée aux Grammairiens,
nous prendrons, article par article, la première partie du Traité des participes, pour
y examiner, sur les exemples de toute nature,
offerts par M. Lequien même, si tous les
participes français ne sont pas réellement ou
adjectifs, ou verbes. Nous n'examinerons que
le premier exemple de chaque article, voulant
laisser à la sagacité de nos confrères à analyser
les autres, et ne voulant pas profiter de ce
petit moyen de grossir le volume. La seconde
partie de cet ouvrage, qui est la seule qu'un
maître prudent doive mettre sous les yeux
des élèves, et qui en conséquence leur est
adressée, commencera par notre règle générale, et sera remplie par l'application de cette
règle aux exemples des meilleurs auteurs
français. Mais, comme nous ne voulons pas
qu'on puisse nous accuser d'avoir choisi les
phrases qui nous favorisaient le plus, nous
prendrons religieusement les trois premiers
exemples dans chaque chapitre de la seconde
partie du Traité des participes, laissant aux
élèves à faire l'application de la règle aux
exemples du même livre, ou de tous les

ouvrages qu'ils voudront. Nous ne serons pas aussi brefs que nous l'aurions désiré; mais, en émettant un principe simple, il faut encore répondre par article à un ouvrage accrédité et compliqué, et il faut ne laisser derrière nous aucune objection importante. En récompense, si en examinant les vingt articles de la première partie, nous prouvons que tous les participes françois sont ou adjectifs, ou verbes; si en examinant ensuite les huit principaux chapitres d'exemples de la seconde partie, ou quelques exemples des meilleurs Grammairiens, nous parvenons à les ranger tous sous le niveau d'une règle générale, nous croyons que nos lecteurs pourront faire euxmêmes cette conclusion, que les participes sont déclinables quand ils forment un sens avec le substantif, et qu'ils sont indéclinables dans le cas contraire.

UNE SEULE RÈGLE

POUR

LES PARTICIPES.

PREMIÈRE PARTIE.

AUX GRAMMAIRIENS.

Examen de la première partie du Traité des Participes.

ARTICLE PREMIER.

Nous n'avons ici d'autre observation à faire, sinon que ce qu'on appelle *participe présent* dans le Traité des Participes, comme dans les anciens ouvrages, est nommé *gérondif* par Wailly, etc.

ART. II.

Du Gérondif des Verbes, appelé autrefois par les uns Participe du présent, et par les autres Participe actif.

Puisque l'on convient dans ce Traité, que

le participe présent ne varie pas, et que le mot qui lui ressemble est un adjectif verbal au singulier, » pourquoi revenir sur la règle simple de Wailly, qui l'appelle *gérondif* quand il ne varie pas, et *adjectif verbal* dans les cas où il varie ? Serait-ce pour étendre le domaine des participes, et se mettre en droit de grossir le volume ? Nous ne croyons pas que ce soit là l'intention. Néanmoins, c'est l'effet produit par cette addition faite au sujet ; et ce qu'il y a de certain, c'est qu'on revient encore sur les disputes de mots, et que de cette augmentation de participes dérivent nécessairement plusieurs règles inutiles. Néanmoins, tout le monde sera forcé de convenir que toute règle inutile n'est point une règle, et qu'en conséquence, il suffisait de laisser les jeunes gens connaître leur gérondif terminé uniformément par la syllabe *ant*, et d'ajouter que l'adjectif qui lui ressemble au singulier, est un mot déclinable.

Voyons si toutes les difficultés présentées dans le Traité des participes pourront se résoudre au moyen de notre unité de règle.

EXEMPLE:

Cet homme est d'un bon caractère, obligeant tout le monde.

Cette femme est d'un bon caractère, obligeant tout le monde.

Nous croyons qu'ici le mot *obligeant* est indéclinable, parce qu'il affirme l'action ; parce qu'il est seulement gérondif du verbe *obliger*, et qu'on peut, sans changer l'idée, dire : *qui oblige tout le monde*. Nous espérons le prouver par l'exemple suivant, cité par notre auteur.

EXEMPLE.

Cette femme est douce, obligeante.

Obligeante a pris ici le féminin ; est-ce parce qu'il est participe ? non ; mais tout simplement parce qu'il est adjectif, ainsi que le mot *douce* qui le précède : un enfant qui aura trois mois de grammaire, le reconnaîtra pour tel, et le Grammairien le plus profond ne pourra pas disconvenir que, de quelque manière qu'on appelle ce mot, il n'exprime ici la qualité du substantif *femme* : il est donc son adjectif ; s'il est adjectif, de quel droit vient-il demander place dans la conjugaison d'un verbe ?

Preuve encore que ce qu'on appelle *participe du présent* est un verbe à l'infinitif, c'est qu'on nous dit fort judicieusement dans le traité que nous examinons, « que le participe présent doit être suivi de quelques mots qui en dépendent. » Ces quelques mots ne peuvent être qu'un régime ; et le régime est le satellite du verbe, et non celui de l'ad-

jectif. Voilà donc la question sur les soi-
disant participes présens décidée en notre faveur, nous osons dire par l'auteur lui-même:
voilà donc la première des deux espèces de
participes qui n'existe plus, puisque les mots
qui la composent sont presque tous des verbes au gérondif, indéclinables à leur titre
d'infinitif, et que le reste de ces mots n'est
autre chose que quelques adjectifs, qui vien-
nent à la vérité du verbe, mais qui, pour
cela, n'en sont pas moins des adjectifs ;
qu'en un mot, ce sont des homonymes,
dont les uns s'écrivent comme les autres,
quand on les emploie au masculin singulier,
mais dont la signification est différente.

Nous croyons tellement que pour savoir
si un participe est déclinable, il suffit de le
rapprocher de son substantif, et de voir
s'ils forment ensemble le sens que l'on veut
rendre, que quoique nous soyons de l'avis
des auteurs qui n'admettent pas de participes présens, nous prions les Grammairiens
d'observer qu'*un homme et une femme* obligeant *tout le monde*, font *l'action* d'obliger;
qu'*obligeant*, dans cette phrase, où il est employé comme verbe, ne peut exprimer la
qualité des mots *homme* et *femme*, sans
changer l'idée primitive qui établissait une
action faite par ces substantifs, et que c'est
la cause de son indéclinabilité ; qu'au

contraire, dans *un homme doux*, obligeant ; *une femme douce*, obligeante, *obligeant et obligeante* font un sens clair avec *homme et femme*, dont ils sont les adjectifs, et que c'est la cause de leur déclinabilité.

Si la saine raison, et plusieurs Grammairiens recommandables, comme Wailly et d'autres, nous autorisent, comme on le voit, à dire que les ci - devant participes présens doivent s'orthographier suivant les règles de l'adjectif, quand ils signifient la qualité, et suivant celles de l'infinitif, quand ils signifient l'action dépouillée de tout autre attribut, il s'ensuivra nécessairement deux choses : la première, que ce que dit à ce sujet l'ouvrage que nous examinons, n'est propre qu'à éterniser les difficultés ; la seconde, que si les mots que l'aveuglement scientifique a si long-temps nommés participes présens, peuvent être réduits à la condition d'adjectifs et à celle de verbes, nous ne devons pas désespérer d'y ramener aussi les participes passés. C'est ce que nous allons essayer de faire, en continuant à examiner le Traité des participes et les exemples qui y sont offerts.

ART. III.

Des Participes dits par plusieurs auteurs Participes du passé et Participes passifs.

D'après ce que nous avons dit, et probablement prouvé, cette espèce est la seule qui puisse, à la rigueur, conserver le titre de participes.

ART. IV.

L'auteur annonce que les règles qu'il va donner demandent la plus grande attention : nous croyons, au contraire, qu'elles pourront être fort simples, puisqu'en général, *être* précède les adjectifs, ou participes déclinables, et *avoir* les verbes, ou participes indéclinables. Nous examinerons plus loin les exceptions.

ART. V.

Le Traité donne pour règle : « Le participe passé, accompagné du verbe *être*, s'accorde en genre et en nombre avec le sujet du verbe. » Pourquoi s'accorderait-il avec le substantif sujet, s'il n'en était pas l'adjectif ?

Le Traité donne pour exemples de verbes passifs :

Mon frère est aimé. Ma sœur est aimée.
Mes frères sont aimés. Mes sœurs sont aimées.

Et pour exemples de verbes neutres :

Le courrier était arrivé. *La nouvelle était* arrivée. *Les courriers étaient* arrivés. *Les nouvelles étaient* arrivées.

Nous croyons qu'ici les mots *aimé* et *arrivé* changent de genre et de nombre avec leurs substantifs sujets, parce qu'ils en expriment la qualité; en un mot, parce qu'ils sont ce que, dans les plus petites écoles, on connaît sous le nom d'adjectifs ; et nous ne croyons pas que personne puisse nous contester qu'ils en fassent la fonction. Il faut donc, ou que la grammaire renonce à nous définir les adjectifs des mots signifiant la qualité des personnes ou des choses, ou bien que l'on convienne qu'*aimé* et *arrivé* sont ici des adjectifs, et ne sont déclinables que par cette seule raison. Ces deux exemples, avec les seize autres qui les accompagnent, rentrent donc dans notre règle générale.

Art. VI.

La règle dit ici : « Le participe passé, « accompagné du verbe *avoir*, ne s'accorde « jamais avec le sujet, mais il s'accorde en « genre et en nombre avec le régime direct, « lorsque ce régime est avant le participe. »

Que de conditions à remplir ! Il faut que

le régime soit sans préposition exprimée ni sous – entendue ; il faut qu'il soit avant le participe. Et dans les deux cas contraires, quand l'élève aura assez d'intelligence pour bien comprendre, il ne lui restera pas de règle, soit que son participe se trouve avant, soit qu'il entre une préposition dans la phrase : mais cette règle fût-elle suffisante, on conviendra qu'il faut être déjà avancé pour la bien comprendre, et en faire une juste application à tous les cas qui peuvent se présenter. Suivons.

EXEMPLES :

Mon père a écrit. *Ma mère a* écrit. *Mes frères ont* reçu. *Mes sœurs ont* reçu.

Pourquoi ces participes ne s'accordent-ils pas avec les sujets ? Par la raison qu'ils sont infinitifs de deux verbes, qu'ils signifient l'action : dans le premier exemple, c'est celle d'*écrire* ; dans le second, c'est celle de *recevoir* ; et dût-on en citer mille dans le même cas, le participe serait toujours indéclinable, par la même raison : et c'est cette même raison qui nous amènera, par degrés, à réduire à une seule règle tous les participes, comme nous croyons y avoir réussi jusqu'à présent, puisqu'il est incontestable, quand je dis : *mon père a* écrit, ou *mes sœurs ont* reçu,

que ce ne soit exprimer une action faite par
ma sœur ou par mon père.

Pourquoi maintenant le participe s'ac-
corde-t-il avec le régime direct, quand ce
régime est avant lui? Parce qu'il devient
adjectif. Nous le prouvons par les exemples
mêmes du Traité.

EXEMPLES:

Voici la lettre que mon frère a reçue.

C'est une lettre *reçue*. *Reçue* est donc
adjectif de lettre, car la phrase signifie bien :
Voici la lettre qui a été reçue par mon frère.

*Quels hommes as-tu vus? Quelles femmes
as-tu vues?*

Le véritable sens est : *quels hommes ont
été* vus *par toi? quelles femmes ont été* vues
par toi? Vus et *vues* font donc ici la fonction d'adjectifs, et le sont bien en effet, quoique la grammaire les appelle participes. Il
serait, par conséquent, dangereux de juger
des mots par leur nom grammatical, puisqu'ils
en changent souvent : il faut les reconnaître
par leur véritable signification, par la fonction qu'ils remplissent dans le discours. Si
je dis : *J'ai reçu la lettre que tu m'as écrite,*
on sent facilement que *reçu* reste indéclinable, parce qu'il peint l'action du sujet *je*,

et qu'*écrite* varie , parce qu'il signifie la qualité du substantif *lettre ;* car c'est comme s'il y avait : *j'ai reçu la lettre écrite par toi ;* et dans cette inversion , on ne contesterait pas à *écrite* la fonction d'adjectif.

Convenons qu'en disant à nos élèves, que *le participe est déclinable quand il fait la fonction de l'adjectif,* un enfant, pourvu qu'il connaisse le genre, le nombre et l'adjectif, ne se trompera pas en écrivant les soixante exemples que l'on nous donne ici sur l'ancienne règle ; et convenons encore que cette grande surabondance d'exemples sur une règle partielle est un fardeau trop pesant pour une mémoire naissante.

ART. VII.

On y dit que « dans la plupart des verbes « pronominaux, le verbe *être* est employé « pour le verbe *avoir*, et qu'alors le participe « ne s'accorde point avec le sujet, mais avec « le régime direct, lorsque ce régime est « avant le participe. »

Voilà encore une règle longue, compliquée et partielle. Voyons si elle voudra bien aussi se ranger à la règle donnée par le substantif.

EXEMPLE :

Ma sœur s'est coupée.

Le sens est : *ma sœur est* coupée *par elle-même. Coupée*, dans ce tour de phrase, est adjectif ; et que nous mettions un pronom personnel avant le verbe auxiliaire ou après, cela ne change rien à la signification. Voilà donc encore un participe qui redevient adjectif. Voilà donc encore une difficulté qui disparaît.

EXEMPLE :

Ma sœur s'est coupé *le doigt.*

Ici, ce n'est pas, comme on le dit, parce que le régime est après le participe, que ce dernier n'est plus déclinable : le croire, ce serait prendre le signe pour la chose signifiée. Le participe n'est plus déclinable, parce qu'il signifie l'action de *couper ;* parce que la phrase veut dire : *ma sœur a* coupé *un de ses doigts.* Si le tour est plus élégant dans l'exemple que dans la version que nous en donnons, cela n'empêche pas que ce ne soit ici le vrai sens, et que nous ne devions orthographier les participes et les autres mots suivant leur signification, et non suivant des règles souvent contestées, et rarement comprises.

On sent si bien, sans s'en apercevoir, qu'ici le participe est verbe, qu'on nous dit:

« Quand, dans le verbe pronominal, l'ana-
« lyse ne permet pas de remplacer le verbe
« *être* par le verbe *avoir*, il faut faire ac-
« corder le participe avec le sujet du verbe. »

EXEMPLE:

Cette maison s'est vendue bien cher.
Ma sœur s'est repentie de sa faute.

Vendue et *repentie* sont donc ici les adjectifs de *maison* et de *sœur*, car on dirait fort bien: *cette maison est vendue bien cher;* et si l'on ne dit pas aussi bien : *ma sœur est repentie de sa faute ;* c'est, ou parce que *repentir* est un verbe neutre, ou parce que *repentie* est là pour *repentante*. Mais dans l'exemple, il tient son rang d'adjectif, et qu'on lui en accorde ou non le titre, on ne peut pas lui en disputer la fonction. Jusqu'ici, nous n'avons donc trouvé dans les participes que des adjectifs ou des verbes.

ART. VIII.

« Le participe s'accorde avec le régime
« direct, lorsque le régime est avant le par-
« ticipe. »

Ici, comme dans presque tout son ouvrage,

M. Lequien arrive au même but que nous, mais toujours par une route plus jonchée des épines de l'étude; car l'élève est encore obligé d'examiner la place de son régime simple, il est encore exposé à le confondre avec le régime composé, etc. Cependant, nous croyons fermement que l'auteur a raison de combattre l'exception de Restaut, et nous le remercions de nous offrir un nouveau moyen de réduire tous les participes aux deux fonctions d'adjectifs et de verbes.

EXEMPLES:

La justice que vous ont rendue (*et non pas* rendu) *vos juges.*

La leçon que vous ont donnée (*et non pas* donné) *vos maîtres.*

Nous croyons aussi qu'il y a accord entre *justice* et *rendue*, entre *leçon* et *donnée*; mais seulement par la raison que ces deux phrases sont composées chacune d'un substantif suivi de son adjectif, et que s'il s'y trouve implicitement un verbe auxiliaire, ce verbe est chargé d'exprimer l'action; ce qui détermine d'autant plus les deux participes à exprimer la qualité. Le premier exemple veut dire : *la justice qui vous a été* rendue *par vos juges;* le second signifie : *la leçon qui vous a été* donnée *par vos maîtres.* Qu'on examine les

dix exemples cités à ce sujet par M. Lequien
dans la seconde partie, et on reconnaîtra
que tous les participes y sont de même des
adjectifs : *avantages* procurés, *mauvaise opinion* donnée, *discours* tenus, etc.

ART. IX.

« Le participe, accompagné du verbe *avoir*,
« ou du verbe *être* mis pour le verbe *avoir*,
« s'accorde toujours avec son régime direct,
« lorsque ce régime est avant le participe. »
(M. Lequien n'ayant pas mis là d'exemple, nous en prendrons un dans sa seconde
partie, pour donner une preuve de plus.)

EXEMPLE:

*... passa par des chemins qu'on avait toujours
crus absolument impraticables.*

Le verbe *avoir* est là pour le verbe *être*;
autrement le mot *crus* pourrait être considéré
comme signifiant l'action : mais, si c'eût été
l'intention de Fénélon, il aurait écrit *cru*.
Puisqu'il a mis le mot au pluriel, on doit
sentir qu'il l'a considéré comme indiquant
une des qualités de *chemins*, ainsi qu'*impraticables*, et qu'il a fait des deux un adjectif
composé. Le sens qu'il a voulu rendre est
nécessairement : *chemins qui avaient toujours*

été crus *impraticables* ; et on ne peut pas contester que de cette façon, les deux derniers mots ne forment un adjectif composé, et que si la seconde partie du mot composé est plurielle, la première ne doive l'être aussi. Qu'importe encore une fois les tours de phrase, les inversions élégantes ? c'est ce qu'on veut dire, plutôt que ce qu'on dit, qui doit faire reconnaître l'espèce de mots qu'on emploie, et par suite, leur déclinabilité.

OBSERVATION

sur la remarque de cet article.

L'auteur nous dit que « le participe passé ne prend ni genre, ni nombre, quand le participe et le verbe auquel il est joint sont employés impersonnellement. » Voici une exception à l'ancienne règle, qui va prouver que notre règle nouvelle est sans exception. Puisqu'ici, comme partout ailleurs, le rapprochement du substantif et du participe suffit pour reconnaître si ce dernier est déclinable.

EXEMPLE :

Les chaleurs qu'il a fait cet été.

A fait est bien le parfait indéfini du verbe *faire* pris impersonnellement, et personne ne s'est avisé de le décliner dans le sens où il

est là, parce qu'il y exprime l'action, comme
tous les participes des verbes impersonnels.
On ne peut pas rendre le même sens, en rap-
prochant ce mot du substantif : *chaleurs fait*
ne s'entendrait pas. Si au contraire nous em-
ployons *fait* comme participe du verbe actif
faire, et que nous disions : *les peintures que
tu as faites ;* l'action étant suffisamment exprimée par l'auxiliaire, le participe reprend
naturellement sa fonction d'adjectif, et par
conséquent son attribution de déclinabilité.

ART. X.

« Quand le participe est suivi d'un verbe
« à l'infinitif, il faut examiner, avec la plus
« grande attention, si le régime qui précède
« le participe est régime de ce participe, ou
« de l'infinitif qui suit le participe. »

Voilà la règle annoncée comme difficile par
l'auteur ; elle se complique encore par une
division en trois branches, et une foule de
termes grammaticals ; voyons si nous pourrons
résoudre ces trois problèmes au moyen de
notre règle unique.

EXEMPLE :

Les courriers que j'ai vus *arriver.*

Le verbe *avoir* est encore ici pour le verbe

the, et c'est la seule raison pourquoi il semble, que ce soit une des phrases où la réponse est le plus difficile, et cela, parce qu'on
dit sans réflexion que *vus arriver* peint seulement l'action, et parce qu'en effet, les deux
mots ensemble signifient une action : mais,
analysez, et vous reconnaîtrez que cette action
est suffisamment exprimée par *arriver*, et que
vus prend le caractère d'adjectif; car la phrase
montre des courriers qui ont été *vus : arriver*
reste indéclinable comme infinitif; *vus* devient
déclinable comme adjectif. La phrase signifie :
*les courriers qui ont été vus par moi, lors-
qu'ils arrivaient.* Toute la difficulté de la règle
générale, consiste donc à savoir discerner si
on emploie le verbe *avoir* pour le verbe *être*,
ou, ce qui revient au même, si on emploie
un adjectif ou un verbe ; et nous espérons
en donner le moyen. Cette difficulté une fois
levée, et tout ayant jusqu'à présent concouru
à prouver que les participes sont ou adjectifs
ou verbes, voilà encore une des règles particulières qui rentre dans la règle générale.
Voyons le second cas.

EXEMPLE :

Voilà les paroles que j'ai pu entendre.

Pu est indéclinable, parce qu'il exprime
l'action, ainsi qu'*entendre* ; qu'il en est insé-

parable dans ce sens ; qu'ils forment ensemble
le verbe composé *pouvoir entendre* ; qu'en
quelque sorte, on pourrait dire que le premier
de ces verbes est un auxiliaire qui, dans le
temps où il est employé, sert à conjuguer le
second verbe ; qu'en un mot, on n'a jamais
eu l'idée de lui donner là une signification
adjective. Examinons le troisième cas.

E X E M P L E :

Voilà les vices que j'ai résolu d'éviter.

On n'a certainement pas prétendu dire :
les vices qui ont été résolus d'éviter. Cela
n'aurait pas de sens. Puisque le mot ne peut
pas être entendu comme adjectif, il faut bien
qu'il le soit comme infinitif du verbe, et
voilà sa véritable cause d'indéclinabilité trouvée. Quoique suivi d'un infinitif présent,
il est lui-même infinitif, à son titre de participe ; il exprime l'action du pronom *je*, son
sujet, et non la qualité du substantif *vices*,
et c'est pourquoi il est indéclinable.

Voyons si l'auteur du Traité des participes, toujours guidé par un sens droit et un
esprit éclairé, mais peut-être un peu trop
livré au langage scientifique de la grammaire,
ne nous fournira pas encore lui-même des
armes pour le combattre.

Il convient que « le sens est le plus sûr

guide pour découvrir si le régime placé avant un participe, appartient à ce participe, **ou à l'infinitif qui suit ce participe** ; et néanmoins, deux grandes pages de préceptes et de termes techniques suivent cet aveu naïf. Nous allons tâcher d'être plus court, pour être plus clair.

EXEMPLE :

L'actrice que j'ai entendue *chanter.*

Que fait là *entendue?* il donne une qualité à actrice ; nous le prouvons par l'exemple qui suit.

EXEMPLE :

L'ariette que j'ai entendu *chanter.*

Entendu reste ici indéclinable, parce qu'il fait la fonction de verbe, qu'il peint l'action ; car, on ne pourrait pas dire par inversion dans le premier exemple : *j'ai* entendue *chanter cette actrice* ; mais, on dirait bien, dans le second : *j'ai* entendu *chanter cette ariette.* *Entendu* forme donc avec *chanter* dans le dernier exemple, le verbe composé *entendre chanter.* Dans le premier exemple, on veut dire que l'actrice a été *entendue;* dans celui-ci, on veut dire qu'on a *entendu.* — Quoi? — Chanter une ariette. Et cela est si vrai, que dans le sens contraire, et supposé qu'on eût voulu supprimer l'infinitif *chanter,* il aurait

(40)

fallu dire : *l'ariette que j'ai* entendue ; qu'on aurait décliné *entendu*, et qu'en conséquence, il serait devenu adjectif. Ainsi, de quelque façon qu'on prenne *entendu*, il rentre toujours ou dans les adjectifs, ou dans les verbes, et vient se placer sous le niveau de la règle générale.

Art. XI.

C'est encore parce que le participe est toujours adjectif ou verbe, que l'on est forcé de dire ici,

Exemples :
(Cités par plusieurs auteurs.)

La femme que j'ai vue *peindre*,

si c'est elle qui peignait ; et

La femme que j'ai vu *peindre*,

si c'est un autre qui la peignait ; parce que, dans le premier exemple, le verbe *être* est sous-entendu, et que la phrase signifie : *la femme qui a été* vue *par moi, et qui peignait*, et qu'en conséquence, *vue* est adjectif de *femme* ; mais qu'au contraire, dans le second cas, on a fait l'action de *voir peindre* ; que *j'ai vu peindre* est un temps du verbe composé *voir peindre*, qui signifie doublement l'action, et que partout où le participe signifie l'action, il est indéclinable.

ART. XII.

EXEMPLE :

Je lui ai rendu tous les services que j'ai pu.

Ici, *pu* est indéclinable par la même raison que *rendu*. On n'a pas prétendu dire que « les services ont été *pus* » puisque cela n'aurait pas eu de sens ; et le participe est indéclinable toutes les fois qu'il ne présente pas, avec le substantif, le sens qu'on veut exprimer, toutes les fois qu'il n'est pas son adjectif.

ART. XIII.

EXEMPLE :

Les mathématiques que vous n'avez pas voulu que j'étudiasse.

Le cas n'est pas plus difficile quand le participe est, comme ici, suivi d'un subjonctif ; car, qu'est-ce que cela signifie ? que : *vous n'avez pas voulu me laisser étudier les mathématiques.* Le tour de phrase nous oblige seulement à employer dans le second verbe l'inflexion du subjonctif ; mais le participe n'en exprime pas moins l'action, et par conséquent est indéclinable à son titre d'infinitif.

ART. XIV.

« Le participe *fait*, suivi d'un infinitif actif
« ou neutre, est toujours invariable. »

Rien encore dans tout l'ouvrage n'est si
bien venu à l'appui de l'axiôme où nous disons
que le participe exprime toujours ou la qualité, ou l'action : car, personne ne peut
contester que *faire* n'exprime une action, et
voilà donc deux mots forcément indéclinables,
parce qu'ils expriment également l'action.

EXEMPLE :

Je l'ai fait *venir.*

Je les ai fait *venir.*

C'est encore ici le verbe composé ; l'exemple n'a pas besoin de commentaire, et rentre
de lui-même dans notre classification.

Comme nous avons toujours été de l'avis
de notre auteur sur la manière d'orthographier les participes, nous le serons encore
ici, où il dit, en parlant d'une ou de plusieurs
femmes :

EXEMPLES :

Je l'ai laissé *venir.*

Je les ai laissé *venir.*

Mais notre parité d'opinion sur la fin,

prouve encore en faveur de notre règle. *Laissé venir* est dans le même cas que *fait venir*; c'est toujours l'action dans un verbe composé de deux infinitifs; mais si on ôte le second, le premier deviendra adjectif, et signifiera la qualité, car il n'aura plus de régime, et complétera un sens avec le substantif; comme si on dit : *la femme que j'ai laissée*, il est clair que c'est une *femme laissée*; au lieu que dans l'exemple il n'est question que d'avoir *laissé venir*.

Art. XV.

Essayons si le participe précédé ou non du pronom relatif *en*, sera plus que les autres rebelle à la loi générale.

Exemple.

Je vous ai demandé mes livres. — Je vous les ai envoyés.

Le participe dit ici que les livres ont été *envoyés*; il exprime donc leur manière d'être, il est donc déclinable à ce titre seulement, et sans aucune considération de régime, etc.

Exemple :

Je vous ai demandé mes livres. — Je vous en ai envoyé la moitié.

J'ai envoyé la moitié de vos livres à vous, voilà le sens propre, en style barbare à la vérité ; et on est obligé d'employer le pronom relatif pour sauver le barbarisme, et presser la marche de la phrase ; mais cela n'empêche pas le participe d'exprimer l'action, et par-là, d'être indéclinable.

EXEMPLE:

J'ai écrit à mes parens, voilà la réponse que j'en ai reçue.

C'est une réponse *reçue* par moi. L'action est exprimée par le verbe *avoir*, et n'est pas dans le participe ; car puisqu'il y a deux significations en deux mots, 1.º celle de l'action qui est rendue par *avoir*, il faut bien que, 2.º, celle de la qualité soit signifiée par l'adjectif ou le participe, qui devient déclinable par cette raison.

ART. XVI.

Quelques verbes neutres ont la signification active. »

EXEMPLE:

Les cent écus que cette affaire m'a coûté.

Pourquoi *coûté*, qu'il soit actif ou neutre, est-il indéclinable ? Parce qu'il n'est pas l'adjectif de *cent écus* ; parce que la phrase veut dire : *cette affaire m'a* coûté *les cent écus dont nous parlons* ; et alors, *coûté* peint bien l'action ; et le voilà aussi qui vient se ranger parmi les verbes.

~~~~~~~~~~

ART. XVII.

EXEMPLE.

Votre sœur n'est pas aussi savante que je l'avais imaginé.

Pourquoi disputerions-nous ici ? Personne n'a cru que celui qui parle ait voulu dire que la sœur ait été *imaginée* par lui ; on a toujours bien entendu qu'il avait fait une action, par laquelle il avait *imaginé* que votre sœur était savante. *Imaginé* est donc aussi verbe que les autres.

~~~~~~~~~~

ART. XVIII.

On admet ici trois cas où le participe peut être précédé de l'adverbe de quantité *peu*, employé avec un article, c'est-à-dire substantivement, car il est bien reconnu que tout mot précédé de l'article est substantif, ou qu'il en fait la fonction.

EXEMPLE :

Le peu que j'ai vu.

Vu et mille autres participes resteront

masculins singuliers dans ce tour de phrase, parce qu'ils seront toujours adjectifs de *peu*, qui remplit ici la fonction de substantif : mais on ne peut pas précisément dire pour cela que ce soient des participes indéclinables ; car, si *peu* pouvait s'employer au féminin et au pluriel, ce qui ne saurait se faire, alors les participes *vu* et autres deviendraient déclinables, car le verbe *être* est sous-entendu, et *vu* veut dire dans l'exemple : *qui a été vu par moi*. Nécessairement, en mettant un substantif féminin pluriel, il faudrait dire : *qui ont été vues par moi*. L'exemple suivant va nous servir de preuve.

EXEMPLE:

Le peu de femmes que j'ai vues,

L'auteur a ajouté le substantif féminin pluriel *femmes*, et son participe est devenu déclinable : c'est donc parce qu'il ne se rapporte plus à *peu*, mais à *femmes* ; que ce sont des *femmes vues*, et non, le *peu vu* ; que la phrase signifie : *les femmes qui ont été vues par moi, en petit nombre* ; en un mot, ce ne peut être par autre cause que par la règle d'accord, qui veut que l'adjectif soit toujours du genre et du nombre de son substantif sujet. Cet exemple a, avec le précédent, une parité qui semble choisie exprès pour servir de dé-

... dans l'emploi des participes comme adjectifs ou comme verbes.

Au troisième cas proposé dans cet article, la branche des participes se divise encore en deux nombreux : on a montré de l'érudition en amplifiant ; tâchons de simplifier.

EXEMPLE :

Le peu d'eau que vous avez bue *suffit*.

Quelle idée présente cette phrase ? Celle d'eau *bue* en une petite quantité, mais qui suffit ; et *bue* est donc adjectif déclinable. Mais si on avait voulu que la phrase eût signifié : *vous avez* bu *peu d'eau*, bu aurait peint l'action, et serait resté indéclinable : c'est le cas où l'auteur se trouve ensuite.

EXEMPLE :

Le peu d'exactitude que j'ai trouvé *dans cet ouvrage*.

et lorsqu'il dit fort judicieusement qu'il met le participe indéclinable, parce qu'il n'y a pas eu d'exactitude *trouvée* dans l'ouvrage, c'est comme s'il disait avec nous : *trouvé* n'est point adjectif d'*incertitude* ; il est verbe peignant et niant l'action de *trouver*. L'auteur range donc lui-même ce mot dans la catégorie des verbes ; et par conséquent voilà encore trois règles nouvelles qui se résolvent par le simple rapprochement du substantif avec son adjectif.

ART. XIX.

Cet article n'étant qu'une remarque judicieuse et particulière sur l'emploi des participes *crainte* et *plainte*, remarque appuyée d'autorités respectables, nous nous bornerons à l'approuver, en observant seulement que ces deux participes se classent aussi dans les adjectifs.

ART. XX.

EXEMPLE:

Il a dix mille livres de revenu, y compris les profits de sa charge, non compris la maison où il loge.

Nous croyons que dans ces deux cas le mot *compris* ne doit plus être considéré comme adjectif, ni comme verbe, puisque le pronom relatif et la particule négative qui le précèdent en font un adverbe, et que l'adverbe est indéclinable. Changeons les régimes, on en verra la preuve : *Il a dix mille livres de revenu, y compris la rente de sa mère, non compris les gratifications.* Si on le traite de participe, il faudrait autant traiter de participe le substantif *revenu* qui le précède, parce que son

homonyme est participe. On a donc encore
étendu gratuitement la longue carrière de ces
mots.

Nous croyons, après ce scrupuleux examen, que les Grammairiens les plus subtils
ne peuvent pas disconvenir que, de quelque
manière qu'on déguise le participe, ce mot,
qui est toujours adjectif en latin, ne soit
toujours en français employé ou comme adjectif
ou comme verbe.

Les grammaires ont donné communément
quatre règles sur ce sujet ; et toutes simples
qu'elles sont, elles ont toujours été l'écueil
de la jeunesse ; et plus d'un savant conviendra
qu'il ne s'est souvent tiré d'embarras, qu'en
voyant ou ne voyant pas de rapport entre
son participe et un substantif. Si la jeunesse
avait peine à ne se pas fourvoyer dans les quatre routes ouvertes par Restaut, Wailly, etc.,
il est presque certain qu'elle s'égarera tout-
à-fait dans le labyrinthe trop ingénieusement
tracé par M. Lequien. Nous avons donc tâché
d'ouvrir une route droite où l'on puisse sans
peine ranger d'un côté tous les participes
déclinables comme adjectifs, et de l'autre tous
ceux qui sont indéclinables comme verbes.

Si on nous dit que les commençans auront
peine à démêler quand le participe fera la
fonction d'adjectif ou celle de verbe, nous répondrons que, d'après la règle d'enseignement

qui veut qu'on aille du connu à l'inconnu,
il n'est pas probable qu'aucun professeur se
soit avisé d'enseigner à ses élèves les participes avant qu'ils ne connussent les adjectifs
et les verbes. Et nous ajouterons que, si on
suppose des jeunes gens ayant assez peu d'intelligence pour ne se pas tirer d'une règle
simple, on ne peut pas supposer qu'ils en
ayent assez pour débrouiller le cahos où les
jettent les règles nombreuses du Traité des
participes.

SECONDE PARTIE.

AUX ÉLÈVES.

Règle générale des Participes.

Les mots connus sous le nom de participes actifs sont des verbes indéclinables quand ils peuvent être précédés de la préposition *en*, ou qu'on peut les rendre par le pronom *qui* et l'infinitif du verbe. Dans le cas contraire, ils sont des adjectifs, et se déclinent.

Ceux connus sous le nom de participes passés sont tantôt des adjectifs, tantôt des verbes qui leur ressemblent. Les premiers, comme adjectifs simples ou composés, signifient la qualité du substantif auquel ils se rapportent directement; ils peuvent toujours se construire avec lui, et ils en doivent prendre le genre et le nombre. Les seconds, qui sont verbes simples ou composés et au mode infinitif, n'exprimeraient plus le sens que l'on veut établir, si on les construisait avec le substantif auquel ils se rapporteraient comme adjectifs. Ils sont toujours indéclinables.

APPLICATION

De la Règle générale aux Exemples cités dans le Traité des participes.

ADJECTIFS VERBAUX.

PREMIÈRE PHRASE.

Er de là quel déluge de maux dans le peuple! les *places occupées* (places, *substantif*; occupées, *adjectif*: sens clair et accord.) par des *hommes corrompus*; les *passions*, toujours *punies* (passions, *subst.*; punies, *adj.*: sens clair et accord.) par le mépris, *devenues* (passions, *subst.*; devenues, *adj.*: sens clair et accord*) la voie des honneurs et de la gloire; *l'autorité, établie* (autorité, *subst.*; établie, *adj.*: sens clair et accord.) pour maintenir l'ordre et la pudeur des lois, *méritée* (autorité, *subst.*; méritée, *adj.*: sens clair et accord.) par les excès qui les violent; les *mœurs corrompues* (mœurs, *subst.*; corrompues, *adj.*: sens clair et accord.) dans leur source; les *astres* qui devaient éclairer nos routes, *changés* (astres, *subst.*; changés,

(53)

adj. : *sens clair et accord.*) en des *feux errans*
(*feux*, *subst.* ; *errans*, *adj.* : *sens clair et
accord.*) qui nous égarent ; les *bienséances*,
même publiques, dont le vice est toujours
jaloux, *renvoyées* (bienséances, *subst.* ; renvoyées, *adj.* : *sens clair et accord.*) comme
des *usages surannés* (usages, *subst.* ; surannés,
adj. : *sens clair et accord.*) à l'antique gravité
de nos pères ; le *désordre débarrassé* (désordre, *subst.* ; débarrassé, *adj.* : *sens clair et
accord.*) de la gène même des ménagemens ;
la *modération* dans le vice *devenue* (modération, *subst.* ; devenue, *adj.* : *sens clair et
accord.*) presqu'aussi ridicule que la vertu.

MASSILLON.

IIe PHRASE.

« Trouvez, si vous le pouvez, la même sû-
reté dans les *vertus* humaines. *Nées* (vertus,
subst.); nées, *adj.* : *sens clair et accord.*) le
plus souvent dans l'orgueil et dans l'amour
de la gloire, elles y trouvent un moment
après leur tombeau : *formées* (vertus, *subst.* ;
formées, *adj.* : *sens clair et accord.*) par les
regards publics, elles vont s'éteindre le len-
demain, comme ces feux passagers, dans le
secret et dans les ténèbres ; *appuyées* (vertus,
subst. ; appuyées, *adj.* : *sens clair et accord.*)

sur les circonstances, sur les occasions, sur les jugemens des hommes, elles tombent sans cesse avec ces appuis fragiles.

MASSILLON.

IIIe PHRASE.

Un *prince* d'une naissance incertaine, *nourri* (prince, *subst.* ; nourri, *adj.* : sens clair et accord.) par une *femme prostituée*, (femme, *subst.* ; prostituée, *adj.* : sens clair et accord.) *élevé* (prince, *subst.* ; élevé, *adj.* : sens clair et accord.) par des bergers, et depuis *devenu* (prince, *subst.* ; devenu, *adj.* : sens clair et accord.) chef de brigands, jeta les premiers fondemens de la capitale du monde. Il la consacra au Dieu de la guerre, dont il voulait qu'on le crût *sorti*, (prince, *subst.* ; sorti, *adj.* : sens clair et accord.) et il admit pour habitans des *gens* de toutes conditions, et *venus*, (gens, *subst.* ; venus, *adj.* : sens clair et accord.) de différens endroits, Grecs, Latins, Albains, et Toscans, la plupart pâtres et bandits, mais tous d'une *valeur déterminée*. (Valeur, *subst.*, déterminée, *adj.* : sens clair et accord.)

VERTOT.

Participes accompagnés de l'auxiliaire
ÊTRE.

PREMIÈRE PHRASE.

La *vertu* timide est souvent *opprimée* (vertu, subst. ; opprimée, *adj.* : sens clair et accord.) parce qu'elle manque ou de hardiesse pour se montrer, ou de protection pour se défendre ; la *vertu* obscure est souvent *méprisée*, (vertu, subst. ; méprisée, *adj.* : sens clair et accord) parce que rien ne la relève aux yeux des sens, et que le *monde* est *ravi* (monde, *subst.* ; ravi, *adj.* : sens clair et accord.) de pouvoir faire un crime à la piété de l'obscurité de ceux qui la pratiquent.

MASSILLON.

II.ᵉ PHRASE.

C'est là que les plus *sages* sont ceux qui ne sont *occupés* (sages, *adj.* employé substantivement ; occupés, *adj.* : sens clair et accord.) que de leur fortune ou de leur avancement ; qui sacrifient tout, bien, repos, conscience, à leur gloire ; qui, insensibles sur la félicité des saints, et sur les biens solides de l'éternité, ne sont *occupés* (sages *subst.* ; *occupés*, *adj.* : sens clair et accord.) qu'à saisir un fantôme qui leur échappe avant qu'ils le tiennent, et à se ménager des *établissemens* qui sont *fondés* (établissemens, *subst.* ; fondés, *adj.* : sens clair et accord.) sur le sable, et dans une cité qui n'est pas permanente. C'est là, en un mot, que *Dieu* n'est plus *connu* (Dieu, *subst.* ; connu, *adj.* : sens clair et accord.) qu'au milieu des peuples infidèles, et que la plus haute vertu n'est pas de n'avoir point de passions, mais de n'en avoir que de nobles et de brillantes.

MASSILLON.

IIIe PHRASE.

Près des murs de cette ville royale, s'élève un vaste et superbe édifice que l'autorité des magistrats et les aumônes des citoyens entretiennent depuis trente ans... C'est là que la *faim* est *rassasiée*, (faim, *subst.* ; rassasiée, *adj.* : sens clair et accord.) que la *nudité* est *revêtue* (nudité, *subst.* ; revêtue, *adj.* : sens clair et accord.) que l'*infirmité* est *guérie*, (infirmité, *subst.* ; guérie, *adj.* : sens clair et accord.) que l'*affliction* est *consolée*, (affliction, *subst.* ; consolée, *adj.* : sens clair et accord.) que l'*ignorance* est *instruite*, (ignorance, *subst.* ; instruite, *adj.* : sens clair et accord.) et que chaque espèce de misère de l'ame ou du corps trouve une espèce de miséricorde qui la soulage.

FLÉCHIER.

Participes accompagnés de l'auxiliaire
AVOIR.

PREMIÈRE PHRASE.

Je considère qu'*elle* a *racheté* (elle, *pronom sujet ;* racheté, *verbe : sens altéré, point d'accord.*) ses *péchés* par les *aumônes* qu'elle a *répandues* (aumônes, *subst. ;* répandues, *adj. : sens clair et accord.*) secrètement dáns le sein des pauvres, et qu'elle les a *expiés* (péchés, *subst. ;* expiés, *adj. : sens clair et accord.*) par une longue *pénitence*, qu'elle a *soutenue*, (pénitence, *subst. ;* soutenue, *adj. : sens clair et accord.*) avec beaucoup de force.

FLÉCHIER.

II.ᵉ PHRASE.

Dans l'éloge que je fais aujourd'hui de très-haut et très-puissant seigneur messire Michel le Tellier, ministre d'état, chevalier, chancelier de France, j'envisage, non pas sa fortune, mais sa vertu ; les *services* qu'il a *rendus*, (services, *subst.*; rendus; *adj.*: sens clair et accord*) non pas les *places* qu'il a *remplies*; (places, *subst.*; remplies, *adj.*: sens clair et accord.) les *dons* qu'il a *reçus* (dons, *subst.*; reçus, *adj.* : sens clair et accord.) du ciel, non pas les *honneurs* qu'on lui a *rendus* (honneurs, *subst.*; rendus; *adj.*: sens clair et accord.) sur la terre; en un mot, les exemples que votre raison vous doit faire suivre, et non pas les grandeurs que votre orgueil pourrait vous faire désirer.

FLÉCHIER.

III.ᵉ PHRASE.

La déesse conduisit elle-même Télémaque dans une *grotte séparée* de la sienne. Elle n'était ni moins rustique, ni moins agréable. Une fontaine, qui coulait dans un coin, y faisait un doux murmure qui appelait le sommeil. Les *nymphes* y avaient *préparé* (nymphes, *subst.*; préparé, *verbe* : sens altéré, point d'accord.) deux lits d'une molle verdure, sur lesquels elles avaient *étendu* (nymphes, *subst.*; étendu, *verbe* : sens altéré, point d'accord.) deux grandes peaux, l'une de lion pour Télémaque, et l'autre d'ours pour Mentor.

TÉLÉMAQUE, livre IV.

Verbes pronominaux.

PREMIÈRE PHRASE.

En parlant d'une femme, on doit dire :
Elle s'est *trouvée* (femme, *subst.* ; trouvée, *adj.* : sens clair et accord.) en danger de succomber ; mais, rappelant sa vertu, elle s'est *reproché* sa faiblesse. (Femme, *subst.* ; reproché, *verbe : sens altéré, point d'accord.*)

II.ᵉ PHRASE.

La reine s'est *sauvée* (reine, *subst.* ; sauvée, *adj.* : sens clair et accord.) de ces défauts, messieurs, et *nous* avons *vu* (nous, *pronom représentant le subst.* ; vu, *verbe : sens altéré point d'accord.*) dans sa conduite une dévotion solide et selon les règles.

FLÉCHIER.

III. PHRASE.

Que diront ceux qui s'épuisent en folles dépenses, et se croient dans l'impuissance d'être charitables, parce qu'*ils* se sont *imposé* (ils, *pronom représentant le subst.* ; imposé, *verbe : sens altéré, point d'accord.*) la nécessité d'être ambitieux et d'être superbes ?

FLÉCHIER.

Participes précédés du régime et suivis du sujet du verbe.

Première phrase.

On vit arriver aussitôt à Rome un grand nombre de ces peuples. Il était indifférent à Cassius qu'on reçût la *loi*, et il ne l'avait *proposée* (loi, *subst.* ; proposée, *adj. : sens clair et accord.*) que dans le dessein d'exciter une sédition, et de se pouvoir mettre à la tête d'un parti qui le rendît maître du gouvernement. La *froideur* qu'avaient *témoignée* (froideur, *subs.* ; témoignée, *adj. : sens clair et accord.*) les tribuns déconcertait ses vues.

Vertot.

II.ᵉ Phrase.

Les soldats avaient été attachés à la famille de César, qui était garante de tous les *avantages* que leur avait *procurés* la révolution. (Avantages, *subst.* ; procurés, *adj. : sens clair et accord.*)

Montesquieu.

IIIe PHRASE.

Don Diègue de Miranda écoutait Don Quichotte avec plaisir, et se reprochait la mauvaise *opinion* que lui avaient *donnée* (opinion, *subst.*; donnée, *adj.* : sens clair et accord) de son bon sens les premiers *discours* qu'il avait *tenus*. (Discours, *subst.*; tenus, ; sens clair et accord.)

FLORIAN.

Participes précédés du régime direct, et suivis d'un adjectif ou d'un substantif.

PREMIÈRE PHRASE.

Il vint en diligence jour et nuit sur le bord de la mer, et passa par des *chemins* qu'on avait toujours *crus* absolument *impraticables*. (Chemins, *subst.*; crus impraticables, *adj. composé* : sens clair et accord.)

TÉLÉMAQUE, livre XVI.

IIe PHRASE.

En cet état, nous passâmes au milieu de leur flotte : ils poussèrent des cris de joie en nous voyant, comme en revoyant les *compa-*

gnons qu'ils avaient *crus* perdus. (Compa-
gnons, *subst.* ; crus perdus, *adj. composé :*
sens clair et accord.)

TÉLÉMAQUE, livre I.

III.ᵉ PHRASE.

La Grèce en ma faveur est trop *inquiétée* ;
(Grèce, *subst.* ; inquiétée, *adj. : sens clair*
et accord.)

De soins plus importans je l'ai *crue* agitée.
(Grèce, *subst.* ; crue agitée, *adj. composé :*
sens clair et accord.)

RACINE, *Andromaque.*

Participes suivis d'un verbe à l'infinitif.

PREMIÈRE PHRASE.

Il est vrai qu'entraîné par le torrent, il se
trouva malgré lui hors de la *route* que sa
sagesse et sa raison lui faisaient tenir, et qu'il
avait *résolu* de suivre. (Route, *subst.* ; résolu
de suivre, *verbe composé : sens altéré, point*
d'accord.)

BOURDALOUE.

II.ᵉ PHRASE.

Voilà les *ennemis* que la reine a *eus* (ennemis, *subst.* ; eus (*), *adj. : tour inusité, mais accord*) à combattre, et que ni sa prudence, ni sa douceur n'ont *pu* vaincre. (Ennemis, *subst. ; pu vaincre, verbe composé : sens altéré, point d'accord.*)

BOSSUET.

IIIe PHRASE.

Il cherche les lieux les plus sombres pour se cacher aux autres morts, ne pouvant se cacher à lui-même : il cherche les ténèbres, et ne peut les trouver ; une lumière importune le suit partout ; partout les rayons perçans de la vérité vont venger la *vérité*, qu'il a *négligé* de suivre. (Vérité, *subst.* ; négligé de suivre, *verbe composé : sens altéré, point d'accord.*)

TÉLÉMAQUE, livre XVIII.

Participes passés précédés du pronom
EN.

Le règne de David fut toujours le modèle des bons rois de Juda, et sa durée égala celle

---

(*) *Eus*, n'est pas employé communément comme adjectif, mais il en fait ici la fonction, quoique la phrase *ennemis eus* serait mal construite, et il doit l'être en effet, puisqu'il a un féminin et un pluriel, qui sont l'attribution particulière du nom, et point celle du verbe à l'infinitif.

du trône de Jérusalem. Ce ne sont pas
victoires jointes seules qui le rendirent le modèle des rois ses successeurs. Saül en a
remporté (*victoires*, *subst.*; remporté, *ver-*
sens altéré, point d'accord.) comme lui sur
les Philistins et sur les Amalécites.

MALH.

II.ᵉ PHRASE.

J'avoue, reprit Mentor, qu'il a fait de
grandes *fautes*, mais cherchez dans la Grèce
et dans tous les autres pays les mieux policés
un roi qui n'en ait point *fait* d'inexcusables.
(*Fautes*, *subst.*; *fait*, *verbe* : *sens altéré*,
point d'accord.)

III.ᵉ PHRASE.

J'ai *examiné* (J' pour je; *pronom repré-*
sentant le sujet; examiné, *verbe : sens altéré*,
point d'accord.) la force des yeux de plusieurs
enfans et de plusieurs personnes louches; et
comme la plupart des enfans ne savaient pas
lire, j'ai *présenté* (je, *pronom sujet*; présenté, *verbe : sens altéré, point d'accord.*) à
plusieurs distances à leurs yeux des points
ronds, des points triangulaires, et des points
carrés; et en leur fermant alternativement
l'un des yeux, j'ai *trouvé* (je, *pronom sujet*;

trouvé, *verbe* : *sens altéré, point d'accord.*)
que tous avaient les yeux de force inégale.
J'en ai *trouvé* (je, *pronom sujet* ; trouvé,
verbe : *sens altéré, point d'accord.*) dont les
yeux étaient inégaux au point de ne pouvoir
distinguer à quatre pieds, avec l'œil faible,
la forme de l'objet qu'ils voyaient distincte-
ment à douze pieds avec le bon œil.

BUFFON.

Comme quelques personnes pourraient penser qu'il ne suffirait pas ici d'examiner le Traité
des participes seulement, nous allons encore
jeter un coup d'œil rapide sur quelques exemples de Restaut, Wailly et Lhomond, pour
que cette observation serve de confirmation
au précepte que nous avons admis.

Exemples cités par Restaut.

Les *spectacles* sont *fréquentés* (spectacles,
subst. ; fréquentés, *adj.* : *sens clair et accord.*)
par les gens oisifs.

Un *ange descendu* du ciel. (Ange, *subst.* ;
descendu, *adj.* ; *sens clair et accord.*)

Les grands *princes* ont toujours *protégé*
les sciences. (Princes, *subst.* ; protégé, *verbe* :
sens altéré, point d'accord.)

6

Quels *courages* Vénus n'a-t-elle pas *domp-tés.* (Courages, *subst.*; domptés, *adj.* : *sens clair et accord.*)

N'avez-vous pas envie de pratiquer les *ver-tus* que vous avez *entendu* louer. (Vertus, *subst.*; entendu louer, *verbe composé : sens altéré, point d'accord.*)

Exemples cités par Wailly.

Un *livre* bien *écrit.* (Livre, *subst.*; écrit, *adj.* : *sens clair et accord.*)

Des *lettres* bien *écrites.* (Lettres, *subst.*; écrites, *adj.* : *sens clair et accord.*)

Que de *gens* se sont *repentis* (gens, *subst.*; repentis, *adj.* : *sens clair et accord.*) de ne s'être pas *appliqués* dans leur jeunesse. (Gens, *subst.*; appliqués, *adj.* : *sens clair et accord.*)

Combien d'*états* divers, si les gens en sont crus, Depuis qu'on le connaît, n'a-t-il pas *parcourus.*

(Etats, *subst.*; parcourus, *adj.* : *sens clair et accord.*)

Exemples cités par Lhomond.

Mon *frère* a été *puni.* (Frère, *subst.*; puni, *adj.* : *sens clair et accord.*)

Mes *frères* ont été *punis*. (Frères, *subst.*; punis, *adj.* : sens clair et accord.)

Quelle *affaire* avez-vous *entreprise*. (Affaire, *subst.*; entreprise, *adj.* : sens clair et accord.)

J'ai *écrit* des lettres. (J', *pronom représentant le substantif sujet*; écrit, *verbe* : sens altéré, point d'accord.)

On remarquera que dans tous les exemples ci-dessus, les occasions de faire accorder le participe avec le substantif sont les plus fréquentes : et la raison, c'est que comme il est toujours adjectif en latin, en français il est plus souvent adjectif qu'il n'est verbe.

CONCLUSION.

Nous croyons que voilà un assez grand nombre d'exemples tirés des meilleurs auteurs, pour qu'on puisse faire, dans toutes les occasions, l'application de notre règle unique.

Nous faisons observer, que si M. Lequien est entré dans de si longues subdivisions des anciennes règles, c'est plutôt la faute des auteurs qui l'ont précédé, que ce n'est sa propre faute. Les règles anciennes n'étaient pas claires, pas suffisantes ; il a voulu les éclaircir et les étendre ; mais bâtir sur un mauvais fond, c'est n'édifier qu'un château de cartes, que le premier souffle de la raison fera écrouler.

Nous n'osons pas nous flatter d'avoir traité notre sujet avec toute la clarté, toute la profondeur dont une plume plus exercée que la nôtre aurait pu le rendre susceptible ; mais nous osons espérer que les gens de lettres, plus accoutumés à juger d'après les lumières de leur raison, que d'après leurs anciennes habitudes, conviendront que notre précepte simple et suffisant pour atteindre le but proposé, mérite l'attention des savans, et mérite aussi peut-être que quelqu'un plus habile que nous daigne mettre la dernière main à ce que nous avons commencé.

Nous ajouterons que, si quelqu'un de nos antagonistes trouvait, à force de se débattre, quelque cas où notre règle ne pût pas atteindre la finesse jusque dans ses derniers retranchemens, il serait bon de se rappeler un passage où Voltaire dit, en parlant de versification : « Si dans ces cas il n'est pas permis d'employer le participe déclinable, il faut renoncer à faire des vers. » Et qu'enfin, si cette liberté, dans les cas douteux, paraît indifférente à Voltaire dans la poésie, il est probable qu'elle ne doit pas blesser le bon sens dans la prose.

Notre seul but, nous l'avons déjà dit, a

été de faciliter aux jeunes gens le travail le plus difficile de la grammaire, et d'établir la vérité grammaticale la plus générale et la plus méconnue. Toujours pressé du besoin d'être utile, nous nous proposons de donner au public : *la Grammaire des chefs de famille, ou Abrégé raisonné des principes de la langue française, arrangé pour les parens qui, sans être Grammairiens, voudraient commencer à instruire leurs enfans eux-mêmes.* Cet ouvrage renferme plusieurs vues neuves ; nous avons tâché d'y simplifier à la jeunesse les routes de l'orthographe par les moyens de l'analyse ; de lui faire connaître les changemens, les réformes qui sont le plus généralement adoptés, particulièrement dans l'impression des lois ; mais nous n'y avons inséré aucune innovation de notre idée, excepté celle relative aux participes. Nous attendons que le public ait prononcé sur notre règle unique des participes, pour lui offrir cet autre fruit de nos réflexions, qui depuis plusieurs années qu'il nous sert pour l'enseignement, a déjà produit nombre de Grammairiens des deux sexes.

FIN.